Nelly Pons

Illustrations de Pome Bernos

DÉBUTER SON POTAGER EN PERMACULTURE

JE PASSE À L'ACTE

ACTES SUD | KAIZEN

Vous trouverez plus d'informations sur les notions marquées d'un astérisque dans la rubrique "Pour en savoir plus", p. 59.

Série dirigée par Marie-Noëlle Himbert

Conception graphique : Anne-Laure Exbrayat, studio graphique d'Actes Sud

ISBN : 978-2-330-07242-1
www.actes-sud.fr

Depuis quelques années, on sent un frémissement : plus personne ne nie qu'il va falloir changer, beaucoup commencent à croire que cela est possible. Par une multitude de petites (r)évolutions dans notre quotidien, chacun de nous a le pouvoir de construire le monde de demain.
Le succès du film *Demain*, de Cyril Dion et Mélanie Laurent, et les initiatives citoyennes qu'il a suscitées confirment que nous sommes prêts à nous lancer. Oui, mais comment faire ?

C'est pour répondre à cette demande croissante d'outils pratiques pour oser passer à l'acte qu'est née cette collection. Elle s'adresse à tous : convaincus, hésitants ou sceptiques. Elle aborde tous les domaines de nos vies quotidiennes : consommation, alimentation, logement, transport, loisirs, éducation, etc. Avec un objectif : accompagner ce désir de changement, l'étayer ainsi que le motiver et l'aider à aboutir.

Forme d'expression pratique des valeurs défendues par la collection "Domaine du possible", "Je passe à l'acte" en est le prolongement logique, aujourd'hui indispensable.

SOMMAIRE

POURQUOI

Il demeure parfois des bribes de sensations, quelques fragments de mémoire des potagers de notre enfance. Par nécessité ou par simple tradition, ils occupaient une place centrale dans la vie d'autrefois. Je m'y revois fouler les herbes hautes de ces étés caniculaires, à la rencontre de régals pour mes papilles en éveil. Une seule obsession guidait mes pas, une mission essentielle qui m'avait été confiée : la récolte. Une pour le panier, une pour moi... Je ne sais combien de fraises survivaient à ma gourmandise et rejoignaient la table familiale. Je les revois, rouges et légèrement poilues, comme si c'était hier.

Fille et petite-fille d'agriculteurs, on m'a poussée vers l'université. "Les études, ma fille, sortir de là." Grand-père paysan, père agriculteur-éleveur intensif, enfants diplômés d'études supérieures : trois générations emblématiques de l'histoire de la paysannerie et de nos campagnes. Le "progrès". Et moi qui suis née de la terre, il me faudra près de trente ans pour y retourner et comprendre que, par croyance et envie de bien faire, on ne m'avait rien transmis de ce savoir. Mes mains lisses et blanches m'embarrassaient. Coupée de la nature, ma génération était devenue incapable de se nourrir par elle-même.

Pourtant... Quel plaisir de voir pousser ses légumes, de croquer dans des fruits sucrés à souhait, cueillis sur l'arbre et bourrés de vitamines. Leur goût n'a rien de comparable à celui de leurs pairs récoltés avant maturité, afin de supporter des heures de réfrigération et de transport. Quelle fierté de déposer sur la table familiale les fruits d'une collaboration intense entre nos sens en éveil et nos plus grands alliés : la terre, le soleil, l'eau et le végétal. Quel enchantement de coopérer avec le vivant.

En 50 ans, la pomme de terre moyenne a perdu 100 % de sa vitamine A, la moitié de son fer et plus d'un quart de son calcium[1].

De retour à la terre, vierge de toute expérience pratique, j'ai débuté sans tarder mon potager. Pas question de recourir aux pesticides, engrais chimiques ou autres produits nocifs pour l'environnement et la santé. Ce retour aux sources, je le voulais fleuri, diversifié, sain et inspirant. Je rêvais d'une terre bel et bien vivante, que je n'épuiserais pas dans un excès de zèle. Chacun de mes gestes aurait le devoir de servir à l'enrichir, la chérir, favoriser sa fertilité.

1. André Picard, "Today's Fruits, Vegetables Lack Yesterday's Nutrition", *The Globe and Mail*, juillet 2002.

LE POTAGER DE MON GRAND-PÈRE

LÉGENDE

pommier — allées

BANDE N°1 :
- choux
- courges
- épinards

BANDE N°2 :
- tomates
- radis
- haricots
- œillets d'Inde
- framboises

BANDE N°3 :
- fraises
- courgettes
- capucines
- tournesols

BANDE N°4 :
- maïs
- aubergines
- carottes
- oignons
- artichauts

BANDE N°5 :
- pommes de terre
- lavande
- parterre d'aromatiques

LE POTAGER RÉENCHANTÉ

Près de la moitié des Français cultivent un potager et/ou un verger et plus d'un tiers de ceux qui n'en possèdent pas souhaitent en avoir un, voire en "rêvent". Ces chiffres révèlent l'émergence d'un phénomène de société, qui ne cesse de progresser : plus de la moitié des potagers ont moins de quinze ans et un quart, moins de cinq ans[1].

1. Enquête UPJ/CSA, *Les Français et leur potager/verger : entre alimentation et passion*, 2007.

Nos corps contiennent des traces de près de 500 produits chimiques différents[2].

J'ai choisi de m'inspirer de la permaculture, qui fait du jardinier un créateur et de son potager un écosystème en équilibre : un espace beau, riche, extrêmement productif, résistant à la sécheresse et à l'excès de pluie.

Science de l'observation de la nature, la permaculture s'inspire de l'écologie scientifique, des savoir-faire des peuples premiers et des paysans du monde entier, ainsi que d'expériences probantes comme celle des maraîchers parisiens du XIXe siècle, l'agriculture naturelle de Masanobu Fukuoka*, la biodynamie, l'agroforesterie, l'agroécologie*… C'est pour moi une grande aventure qui a commencé.

LA PERMACULTURE

Terme issu de la contraction de permanent et agriculture, pour une agriculture permanente qui n'épuise pas la terre, son éthique est :

- prendre soin de la terre (les sols, la forêt, l'eau) ;
- prendre soin des hommes (soi-même, ses proches et la communauté) ;
- partager équitablement (limiter la consommation, redistribuer les surplus).

Formulée en Australie dans les années 1970 par Bill Mollison et David Holmgren*, la permaculture est une approche holistique, qui s'applique à l'ensemble des réalisations humaines. Le potager n'en est que l'une des multiples formes d'expression.

2. Fabrice Nicolino et François Veillerette, *Pesticides, révélation d'un scandale français*, Fayard, Paris, 2007.

Jonglant entre vie professionnelle, familiale et sociale, j'étais il n'y a pas si longtemps comme vous, qui envisagez votre potager. Mes tâtonnements de débutante, mes questionnements, les solutions que j'ai pu y apporter, les recherches et les rencontres de ces dernières années vous aideront, je l'espère, à vous lancer.

"Cultiver son jardin est un acte politique de légitime résistance[3]."

Pierre Rabhi

C'est cette expérience que j'ai à vous proposer : ni théorique, ni spécialiste, mais pragmatique, accessible, éprouvée. Elle montre que oui, c'est possible ! Pour vous aussi, même si vous démarrez de rien. Votre envie et un petit bout de terre suffiront pour que l'aventure commence. Je vous invite à entreprendre ce voyage, qui ne ressemblera pas au mien, ni à aucun autre. À chaque jardinier son jardin, à chaque terre sa spécificité. Climat, emplacement, goût, créativité... Votre potager sera unique, tel un prolongement de vous-même.

3. Pierre Rabhi, *Manifeste pour la Terre et l'Humanisme*, Actes Sud, Arles, 2008.

LA PERMACULTURE : QUELQUES PRINCIPES FONDAMENTAUX

S'ENTOURER

Du silence de l'aube en solitaire aux joyeux tumultes d'un potager partagé.
D'une aventure personnelle à une dynamique familiale et amicale.
L'histoire d'un potager se crée pas à pas, au rythme des envies et de la vie sociale de chacun.
Une palette de possibles à explorer à votre guise.

Quel genre de jardinier êtes-vous ? De ceux qui se ressourcent dans la solitude ? Ou de ceux dont l'énergie et la créativité décuplent au contact des autres ?
Quelle que soit la réponse, questionnez-vous sur la place que votre entourage peut occuper dans votre projet. Car si vous vivez en famille ou en collectivité, il aura nécessairement des conséquences pour les autres, ne serait-ce que par la consommation des fruits et légumes cultivés.

L'expérience de Gilles et Sandrine Bonnaud, rencontrés dans leur ferme en Ardèche cévenole, est parlante. Au départ, la répartition des tâches était claire : lui, c'était le potager et elle, la cuisine. Mais, à l'image de Gilles, le jardin était très sauvage. Trop, au goût de la cuisinière, qui ne trouvait pas toujours les légumes qu'elle voulait au milieu du fouillis végétal. Il y avait du gaspillage. Le couple a alors décidé de réaliser ensemble le potager familial, qui nourrit cinq personnes. Gilles a fait des efforts de structuration, Sandrine d'implication, et aujourd'hui, ça fonctionne.

Alors, pourquoi ne pas demander tout de suite à chacun où se situe son envie (ou pas) de s'impliquer dans le potager ? D'autant qu'il y a de multiples façons de le faire selon son goût, sa sensibilité et ses compétences : organisation, planification, travail du sol, semis et plantations, arrosage, transformation et conservation. Soyez ouvert(e) aux aspirations de votre entourage. Et si personne ne souhaite participer, ne vous inquiétez pas : moins d'un quart des jardiniers partagent l'entretien de leur potager avec leur conjoint[4].

4. Enquête UPJ/CSA, *Les Français et leur potager/verger : entre alimentation et passion*, 2007.

En revanche, si vous avez des enfants, je vous conseille vivement de les impliquer. Le jardin est une merveilleuse école du respect de la vie. Il fourmille de thématiques intéressantes : la graine et sa germination, les plantes et leur cycle de vie, la pollinisation, la vie du sol, les insectes, etc. Vous pouvez par exemple leur proposer de dessiner, de faire un herbier, d'étudier les insectes rencontrés, d'échanger des graines avec leurs copains, etc. Ou encore de fabriquer des objets ludiques comme un moulin à vent, un perchoir, un tipi fleuri. Amusez-vous à créer, inventer, jouer ensemble en fonction de vos affinités.

93 % des jardiniers estiment que le jardin est un moyen d'éducation pour les enfants[5].

La meilleure façon d'associer un enfant au potager est de lui proposer de cultiver son espace à lui, comme il le désire. Choisissez ensemble un petit coin dédié, qu'il pourra atteindre facilement. Pour lui donner envie, équipez-le de quelques outils à sa taille : une petite pelle, un arrosoir, des étiquettes sur lesquelles il pourra noter le nom de ses plantations. Proposez-lui de commencer par des plantes faciles et ludiques, qu'il choisira lui-même : le radis (dont la croissance est rapide), la tomate cerise, le haricot vert, le fraisier (les enfants adorent), etc. Accompagnez-le dans la durée, tout en évitant si possible de faire à sa place. L'idée est de le laisser au maximum expérimenter et découvrir par lui-même. Et si sa plante préférée est sur le point de mourir de soif, ne l'arrosez pas ! Prévenez-le, mais respectez ses choix et ses erreurs. Ainsi, il pourra être fier de ce dont il a su prendre soin.

Pensez ensuite à vous entourer plus largement. N'hésitez pas à aller rencontrer les jardiniers de votre coin, et notamment les anciens. Ils connaissent les spécificités de votre environnement et vous feront gagner un temps précieux. Et ils sont souvent très heureux de partager leurs savoirs.

5. *Idem.*

PETITE EXPÉRIENCE POUR LES ENFANTS

MATÉRIEL

Il vous faudra :

- QUELQUES VERS DE TERRE
- DE LA TERRE HUMIDE (pour que les vers de terre puissent s'hydrater !)
- DU SABLE
- DES FEUILLES MORTES BROYÉES OU DES ÉPLUCHURES
- UN POT DE CONFITURE VIDE
- UN PETIT BOUT DE MOUSTIQUAIRE OU DE TISSU MICRO-PERFORÉ (pour que les vers de terre puissent respirer !)
- UN ÉLASTIQUE
- UNE PETITE BOÎTE EN CARTON

LE TRAVAIL DU VER DE TERRE

Pour faciliter ces rencontres, vous pouvez préparer une liste de questions à leur poser. Qu'est-ce qui a été cultivé dans le passé sur ces terres ? Quels arbres fruitiers sont traditionnellement présents dans votre région ? Lesquels ne s'y épanouissent pas ? Existe-t-il des variétés anciennes de fruits et légumes adaptées au milieu ? Où trouver le meilleur fumier dans les environs ? Etc.
Demandez-leur si vous pouvez visiter leur potager. S'ils connaissent d'autres personnes que vous pourriez aller rencontrer. Où ils achètent leurs plants et semences, etc. Mémorisez, dans la moindre discussion, tout ce qui peut "nourrir" votre potager.

LA FORCE D'UN RÉSEAU

Caroline Point achète un terrain de 1 700 m² à la lisière de la maison de vacances familiale. Elle se lance dans son potager. Alors qu'elle fait ses premiers pas en solitaire, ses voisins, qui l'ont vue grandir, lui proposent leur aide : recherche de points d'eau, livraison de fumier, fabrication d'une rampe d'accès en bois... Elle décide alors de suivre une formation de dix jours en permaculture avec Steve Read*.
Son projet est sélectionné parmi les cas pratiques du stage. Douze personnes déferlent sur sa terre, carnet à la main, pour réfléchir à son aménagement. Le design est posé, collectivement : "Plein d'idées que je n'aurais jamais eues toute seule ont émergé."

Au-delà des anciens, allez échanger avec vos voisins et amis : ils pourront vous apporter une aide concrète pour débuter.
Je pense notamment au partage d'outils dont la fréquence d'usage ne justifie pas toujours l'investissement, comme le broyeur pour les résidus de taille ou la débroussailleuse pour l'entretien des grands espaces. Vous pourrez aussi récupérer ce dont ils n'ont pas besoin et qui vous serait d'une grande utilité : fumier et déchets verts pour le compost, chutes de tuyaux d'arrosage, tuteurs pour vos tomates et autres grimpantes, godets en surnombre pour vos semis...

Le démarrage d'un potager peut être également l'occasion de s'inscrire dans un Système d'échange local (SEL), s'il en existe près de chez vous. Ces associations proposent à leurs membres d'échanger des biens et services selon une unité propre à chaque groupe, en général, le temps : pour une heure donnée, une reçue. Chacun apportant aux autres ce qu'il sait faire.
N'hésitez pas non plus à prévoir, pour les gros travaux, des journées au potager avec vos amis proches. Elles laissent en général à tous de bons souvenirs et vous permettront d'avancer à grandes enjambées.

Enfin, si votre entourage immédiat peut s'avérer fort utile, n'oubliez pas que vous n'êtes pas les seuls à cultiver un potager en permaculture. Que ce soit en France ou à l'étranger, les sources d'inspiration ne manquent pas. Parmi les plus connues : la ferme du Bec Hellouin de Perrine et Charles Hervé-Gruyer*, les Fermes Miracle de Stefan Sobkowiak*, la ferme de Sepp Holzer* dans la montagne autrichienne, les jardins de Josine et Gilbert Cardon ou de Kurt Forster*...
Et tout simplement, autour de chez vous ou à l'occasion d'un voyage, gardez les yeux grands ouverts : nos paysages recèlent des pépites que vous aurez plaisir à dénicher, chemin faisant.

HAUTE PRODUCTIVITÉ AU BEC HELLOUIN

Depuis 2006, en Normandie, Perrine et Charles Hervé-Gruyer conduisent la ferme du Bec Hellouin selon les principes de la permaculture, et pratiquement sans recours aux énergies fossiles.
Au fil des ans, sa grande productivité fait parler d'elle. De 2011 à 2015, elle a fait l'objet d'un programme de recherche mené par l'INRA et AgroParisTech. L'étude basée sur 1 000 m² de la ferme (hors allées et abords) révèle que "cette surface permet de dégager un chiffre d'affaires suffisant pour rémunérer une personne ayant un statut agricole[1]".

1. *Maraîchage biologique permaculturel et performance économique*, rapport final, novembre 2015.

S'ÉQUIPER

Avant de plonger corps et âme dans sa terre, il est intéressant de se poser quelques questions et d'y apporter ses propres réponses. Tout ce que vous aurez observé, réfléchi et décidé en amont vous fera gagner temps et énergie, que vous pourrez déployer lors de la prochaine étape de la création de votre potager.

La toute première étape n'est pas matérielle, mais créative. Fermez les yeux et imaginez le potager de vos rêves. Sans contrainte ni restriction. Est-il grand ? Petit ? Voyez-vous un vaste fouillis végétal aux mille couleurs et senteurs ? Un espace harmonieux dans lequel règnent lignes et courbes à l'équilibre parfait ?
C'est le moment de savoir où vous voulez aller avec votre projet. Rêvez-vous d'être autonome en fruits et légumes ? Ou simplement de récolter un peu de basilic et quelques tomates cerises pour vos apéros d'été ? Conservez cette image d'Épinal de votre potager : elle est votre objectif, votre cap.

> "La logique vous mènera de A à B. L'imagination vous emmènera partout."
>
> Albert Einstein

Maintenant, ouvrez bien grands vos yeux et... regardez ! La permaculture est avant tout le fruit d'une observation attentive du fonctionnement du vivant. L'heure est donc venue de vous plonger dans votre écosystème : qu'a-t-il à vous raconter ?

LA NOTION D'ÉCOSYSTÈME, LA CLÉ DE VOTRE POTAGER

Un écosystème est un ensemble d'organismes vivants (plantes, animaux et micro-organismes), qui interagissent entre eux et avec un milieu (sol, climat, eau, lumière). Forêts, prairies, déserts, banquises, rivières... constituent autant d'écosystèmes qui se différencient par leur échelle, les espèces qui y vivent et leurs interactions.
Percevez votre potager comme un grand écosystème, qui en abrite plusieurs autres, plus petits (point d'eau, bois mort, broussailles, cultures, etc.).
Chacun de vos gestes sera guidé par la recherche d'équilibre entre les différents éléments, afin de rendre le système fertile et optimal.

À quel climat votre futur potager est-il soumis ? De forts vents dominants, des sécheresses, un froid intense, une humidité constante ? Observez ce qui pousse sur votre terre. La végétation est-elle rare ou luxuriante ? Y a-t-il des arbres, des arbustes ? Quels végétaux sont naturellement présents ?
Ces plantes, dites "bio-indicatrices*", vous donneront une première idée de la nature de votre sol. La pâquerette par exemple, lorsqu'elle est présente en excès, indique une dégradation du sol par le lessivage. Le pissenlit révèle, lui, une bonne richesse en matière organique. Mais en surnombre il peut dévoiler un engorgement ou un compactage du sol. Et le coquelicot nous parle d'un fort contraste hydrique, avec une terre gorgée d'eau l'hiver et très sèche l'été.
À moins que la botanique ne vous passionne, analysez seulement les deux ou trois plantes les plus marquantes de votre biotope. Chercher des informations sur tous les végétaux que vous aurez le plaisir de découvrir peut vite devenir titanesque. Contentez-vous des plus représentés.

Ensuite, faites des trous dans différentes parties de votre jardin et observez votre terre. La partie fertile, riche en micro-organismes, est sur le dessus. Issue de la dégradation des matières organiques (feuilles, herbes séchées, etc.), c'est elle que l'on cultive. Plus on descend, plus la terre s'éclaircit et devient minérale. Qu'en est-il de la vôtre ? Observez les différences de part et d'autre de votre jardin. N'hésitez pas à y mettre les mains, le nez, etc. Usez de vos sens pour récolter des informations sur votre sol.

CONNAÎTRE SON SOL

Le sol se compose de **sables**, de **limons**, **d'argiles** (matières minérales qui lui donnent sa texture) et d'**humus** (matières organiques qui lui donnent sa structure). En fonction de la proportion de ces éléments, nous obtenons différentes natures de sols. Sa composition idéale, dite "terre franche", est d'environ 65 % de sable, 20 % d'argile, 10 % de calcaire et 5 % d'humus.
Quelle que soit la nature initiale de votre sol, pas de panique : l'apport régulier de matières digestes (compost, engrais verts, légumineuses, etc.) transforme toujours positivement la structure des sols grincheux. En quelques années seulement.

CONNAÎTRE SON SOL : LE TEST DU BOCAL

Déposez le même volume d'eau et de terre dans un bocal transparent

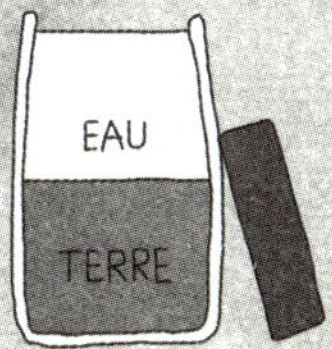

Fermez et secouez vigoureusement

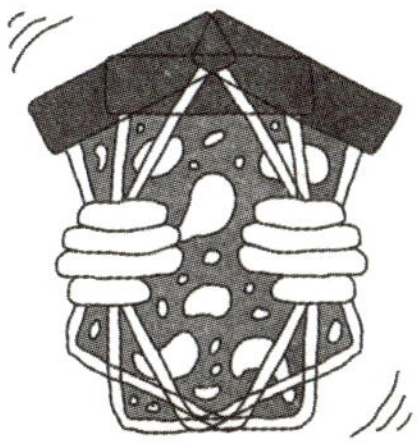

Laissez décanter pendant 4 jours

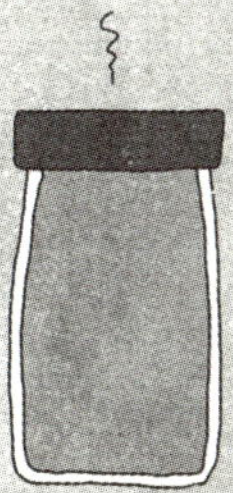

Les couches de différentes matières vont se déposer dans l'ordre suivant :

Mesurez chaque couche ainsi que la hauteur totale

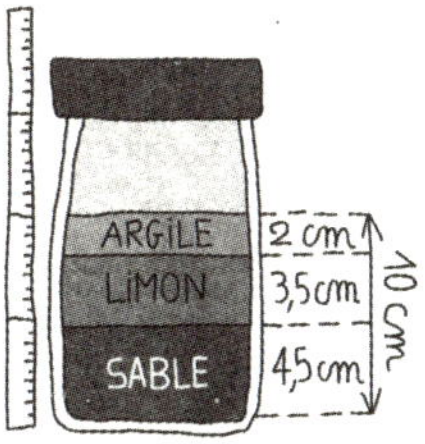

Calculez le pourcentage qu'occupe chaque matière dans votre bocal

Alors voyons voir, règle de 3 du CM1 :
si 10 cm = 100 %
alors 1 cm = 100 % ÷ 10 = 10 %
et donc ça fait
3,5 cm = 10 % x 3,5 = 35 %

ARGILE = **20 %**
LIMON = **35 %**
SABLE = **45 %**

Youhou !

LÉGENDE

- TEXTURE ARGILEUSE
- TEXTURE ÉQUILIBRÉE
- TEXTURE LIMONEUSE
- TEXTURE SABLEUSE

A : argileux
As : argilo-sableux
AL : argilo-limoneux
LA : limono-argileux
LAF : limono-argileux fins
LAS : limono-argileux-sableux
L : limoneux
Ls : limono-sableux
LFA : limoneux fin argileux
LF : limoneux fin
LTF : limoneux très fin
SL : sablo-limoneux
S : sableux

Maintenant référez-vous au bien nommé TRIANGLE DES TEXTURES pour connaître la nature de votre sol

Placez vos pourcentages sur le triangle et tracez vos droites selon le sens de lecture suivant :

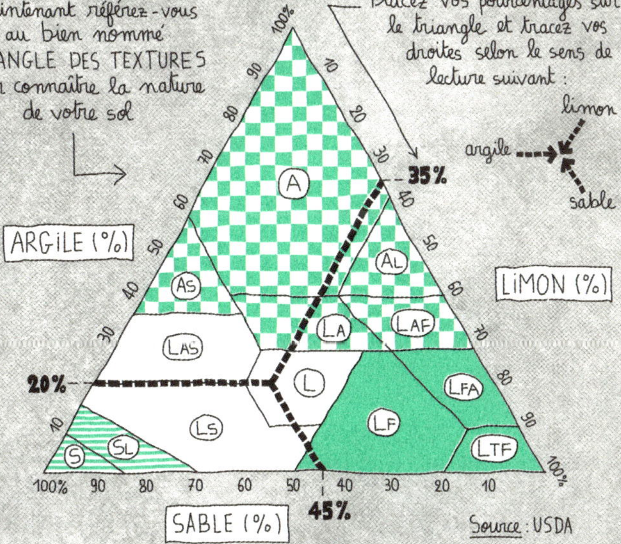

Source : USDA

Dans notre exemple, le sol a donc une texture ÉQUILIBRÉE de type LIMONEUX, et c'est plutôt chouette pour un potager !

Maintenant que vous savez d'où vous partez et où vous voulez aller, reste à définir les moyens que vous pouvez ou souhaitez mettre en œuvre. Premièrement, de quel temps disposez-vous ?
En moyenne, près de deux jardiniers sur trois consacrent au moins une demi-journée par semaine à leur potager[6]. En jardinage classique, cela permet d'entretenir un jardin de 20 à 50 m^2. Vous entendrez souvent les anciens dire qu'il faut y être une à deux heures par jour. Cela vaut pour environ 100 m^2 de potager. Au-delà de cette surface, il faut prévoir plus de deux heures quotidiennes. Mais, en permaculture, ces estimations perdent un peu de leur sens. Le démarrage peut demander un plus fort investissement, car le jardinier se plaît souvent à parfaire sa mise en place et ses aménagements. En revanche, une fois réalisés, ils font gagner par la suite beaucoup de temps par rapport au jardinage classique : autofertilisation des buttes, désherbages facilités par le paillage, traitements évités par l'équilibre de l'écosystème, espaces toujours cultivés qu'il n'est pas nécessaire de redémarrer de zéro, etc. Pour le même temps donné, votre potager pourra grandir au fil des ans.

La moitié des potagers français mesurent moins de 50 m^2, et le quart, moins de 20 m^2.[7]

De plus, les différences saisonnières sont importantes. On peut dire que le printemps, avec l'explosion de la végétation et tous les semis à lancer, est la “haute saison” du jardinier. Et l'hiver la “saison creuse”.
Pensez aussi au temps nécessaire pour la récolte, la cuisine et la transformation de vos productions. Trop souvent négligée, cette dimension ne peut pas toujours être remise au lendemain, au risque de perdre ce que vous avez cultivé.
Même si vous disposez de beaucoup de temps pour votre potager, il n'est pas nécessairement judicieux de voir trop grand la première année. Commencer petit et rayonner peu à peu, au fur et à mesure que votre savoir-faire grandit, est le conseil unanime des jardiniers. D'autant plus que, pour se faire plaisir, un grand espace n'est pas nécessaire.

6. Enquête UPJ/CSA, *Les Français et leur potager/verger : entre alimentation et passion*, 2007.
7. *Idem.*

LE PLUS PETIT POTAGER DU MONDE

SOURCE : *LA PERMACULTURE DE SEPP HOLZER* - ÉDITIONS IMAGINE UN COLIBRI - 2011

DIX OUTILS POUR DÉBUTER

À l'inverse, si, avec l'énergie et l'enthousiasme du débutant, la perspective de vous limiter vous frustre, alors lâchez-vous ! Rêvez, expérimentez, jouez... Vous pourrez toujours réévaluer plus tard.

Deuxième question : quel budget souhaitez-vous mettre ? S'il est nécessaire de s'équiper un minimum au départ, nul besoin pour autant de dévaliser votre magasin de jardinage : dix outils suffisent pour accomplir les gestes de base.
Choisissez-les robustes, avec des manches en bois de préférence (compter 200 euros pour le lot neuf). Et si vous n'avez ni l'envie ni les moyens de cet investissement, écumez les vide-greniers, les recycleries et votre voisinage : les objets dormants n'attendent que vous pour reprendre du service.
À cet investissement de départ s'ajoutent les dépenses annuelles. Si vous ne collectez pas l'eau de pluie*, prévoyez le coût de l'arrosage : 3,55 euros le mètre cube d'eau en moyenne en France (mais cela peut aller du simple au triple selon que vous habitez à Antibes ou à Évreux).
Et envisagez, bien sûr, le coût de vos semences (entre 2 et 6 euros le sachet) ou de vos plants (entre 1,50 et 3 euros le godet). Sachant qu'un sachet de graines permet de produire une centaine de plants, cela vaut la peine de jouer les semeurs. Et vous pourrez économiser encore davantage en produisant vous-même vos semences*. À condition de les choisir reproductibles.
Au final, le jardin reste un loisir très accessible : les dépenses annuelles s'élèvent en moyenne à environ 120 euros[8]. À titre de comparaison, en 2015, un ménage français a dépensé en moyenne 383 euros pour 167,6 kg de fruits et légumes achetés[9]. Ces chiffres donnent une idée de l'économie qu'il est possible de réaliser grâce à son potager : plus de 260 euros par an. Évidemment, ceux qui consomment davantage de fruits et légumes seront d'autant plus gagnants. Et ceux qui le souhaitent peuvent encore réduire le coût de leur potager grâce à de petites astuces toutes simples : recycler ses rouleaux de papier toilette cartonnés en godets, échanger ses

8. Enquête UPJ/La Clinique des plantes, *Raconte-moi ton jardin, je te dirai qui tu es !*, mai 2008.
9. Kantar Worldpanel, *Achats de fruits et légumes frais par les ménages français*, avril 2016.

graines avec d'autres jardiniers, récupérer le fumier ou les déchets verts auprès de ceux que ça encombre, etc. Loin d'être rébarbative, cette quête peut même devenir très ludique.

Ça y est, vous avez presque les mains dans la terre ! Encore un peu de patience. Avant de vous lancer, vous allez dessiner votre potager. C'est la phase de conception, appelée design, très importante en permaculture. Elle sera plus aisée à réaliser après avoir achevé la lecture de ce guide. Mais, dans la chronologie de votre passage à l'acte, c'est à ce stade qu'il faudra réaliser votre design.
Si vous n'avez pas le choix, la question de l'emplacement de votre potager ne se pose pas. Mais si vous avez un grand terrain, alors choisissez le lieu le mieux ensoleillé, le plus facile d'accès (proche de la maison s'il en est une) et si possible près d'un point d'eau. Puis prenez une feuille de papier, que vous pourrez appeler "carte du potager".
Commencez par y tracer tout ce que vous observez : forme du terrain, arbres et arbustes, microclimats, points cardinaux, direction des vents dominants, etc. À ce stade, évitez d'ajouter vos idées et contentez-vous d'un simple relevé de situation.
Une fois l'existant consigné, choisissez la ou les formes que vous avez envie de donner à votre potager : rectangulaire, carré, rond, en mandala, etc. Positionnez-y les éléments que vous aurez décidé d'installer : vos espaces cultivés, vos éventuels arbres ou haies fruitières qui protègent du vent (en général à l'ouest et au nord), votre point d'eau (central de préférence), une aire de compostage et pourquoi pas un abri de jardin (près de l'entrée), etc.
Pour ceux qui se lancent dans l'aventure d'un grand potager, dessinez les allées qui vous permettront de circuler d'une zone de culture à l'autre. Pour plus de confort, prévoyez un espacement suffisant pour le passage d'une brouette (au minimum 80 cm). Autrement, 30 à 50 cm suffisent.
Quelle que soit la place dont vous disposez, le ou les espaces cultivés devront être faciles d'accès de toute part. Pour cela, leur taille optimale se situe entre 1,10 m et 1,30 m de large sur 3 m de long.

Avant de finaliser, vous pouvez faire plusieurs essais avec des mises en place différentes, en utilisant des calques sur le relevé de situation. Relisez à chaque étape les principes de la permaculture ; ils vous aideront dans vos arbitrages.

Fini ? Observez votre carte : n'est-elle pas magnifique ?
Y a plus qu'à !

SE LANCER

Le temps est venu de concrétiser votre potager. Un pas de plus, et non des moindres, vers la réalisation de votre projet. Après avoir observé, pensé, dessiné, vous allez enfin mettre les mains dans votre terre : la pétrir, la façonner et métamorphoser votre lieu en une oasis verdoyante et luxuriante. Que la fête commence !

Dans l'idéal, vous avez tout intérêt à travailler avec l'arbre, plante pérenne qui nécessite peu d'entretien et fournit quantité de matières organiques. Son système racinaire permet de stabiliser le sol et d'aller chercher en profondeur minéraux et autres nutriments que les feuilles restitueront généreusement à votre terre. Un cycle parfait à grande autonomie, abritant qui plus est quantité d'oiseaux et d'insectes précieux pour l'équilibre de votre écosystème. Ceux qui bénéficient d'un espace suffisant, qui en ont l'envie et l'énergie, peuvent créer une haie coupe-vent constituée de grands arbres, d'arbres fruitiers, d'arbustes ou de lianes mellifères (sureau, glycine, chèvrefeuille, oranger du Mexique, etc.), de baies, de fleurs et d'aromatiques*.
Les autres peuvent tout aussi bien installer de plus petites haies et lisières, avec des plantes comme l'ortie, la consoude, le fenouil, des fleurs et légumes vivaces... Réservoirs de biodiversité, elles favoriseront les interactions bénéfiques entre vos différents écosystèmes. Là aussi, à moins que cela ne vous passionne, ne cherchez pas à toutes les décrypter. Le champ des connaissances est infini. Semez, plantez... La nature fera le reste !

Maintenant, installez vos espaces de culture de manière à ne jamais marcher dessus. L'idée phare de la permaculture réside en leur permanence. Contrairement à l'approche classique qui vise à remettre chaque année le sol à nu pour redémarrer de zéro, le vôtre sera cultivé de manière ininterrompue. Pour éviter le lessivage du sol par les pluies, vous gagnerez à surélever vos cultures en les délimitant par des planches ou des rondins de bois de 10 à 20 cm de hauteur. L'apport de matières organiques, au fil des ans, rehaussera l'espace cultivé de 5 à 20 cm par rapport aux terres alentour, ce qui facilitera son entretien. Si vous n'avez pas la possibilité de récupérer planches et rondins, ne vous ruinez pas pour autant en les achetant. Ils ne sont pas indispensables et il est aussi tout à fait possible de les installer plus tard, au gré de vos collectes.

La forme des planches de culture peut varier selon vos envies et votre terrain. La plus pratiquée en permaculture est la fameuse "butte autofertile".

L'engouement est tel qu'on a tendance à penser qu'elle définit la permaculture. C'est faux. Comme toute technique, elle a des avantages : le sol offre plus d'espace de culture, il se réchauffe plus vite, est mieux drainé, etc. Et des inconvénients : énorme travail de mise en place, dessèchement rapide en cas de manque de paillage, risques d'affaissement, etc. Il faut donc faire la part des choses et se demander si elle est adaptée à votre projet. Car l'essentiel est que votre potager démarre, à votre mesure et selon vos désirs.

Et puis... il y a butte et butte. La butte de permaculture n'existe pas en soi. Différentes techniques sont déployées, en fonction de la nature du terrain, du climat, des ressources disponibles, du goût du jardinier, etc. Un conseil : variez les expériences, les formes et les plaisirs. Votre potager en sera d'autant plus riche.

CRÉER SA HAIE COUPE-VENT

Vous pouvez vous inspirer de l'agroforesterie ou de la technique du Québécois Stefan Sobkowiak dans ses Fermes Miracle* : une alternance de deux fruitiers et d'un grand arbre fixateur d'azote (robinier dit "faux acacia", argousier, févier d'Amérique...). Sous lesquels s'épanouiront les arbustes fruitiers (framboisiers, cassissiers, groseilliers, etc.). Au pied desquels pousseront fleurs, légumes vivaces (oignon et ail rocamboles, livèche, ciboules, choux à jets, etc.) et aromatiques (lavande, sarriette, thym, camomille, mélisse, ail des ours, sauge, etc.).

Choisissez des variétés rustiques, adaptées à votre région, et respectez les espaces de plantation, d'au moins 3,50 m pour les grands arbres.

QUELQUES BUTTES QUI ONT FAIT LEURS PREUVES

LÉGENDE

- TERRE
- COMPOST
- FUMIER
- PAILLAGE
- MATIÈRES AZOTÉES (tontes fraîches, désherbage, feuilles vertes juste broyées, fleurs, déchets de cuisine, etc.)
- MATIÈRES CARBONÉES paille, feuilles mortes, plantes séchées, sciure, branchages finement broyés, carton, etc.)
- BRANCHES SÈCHES (d'un diamètre inférieur à 7 cm) ou BROYAT FORESTIER
- BRANCHES FRAÎCHES (d'un diamètre inférieur à 7 cm)
- RONDINS (d'un diamètre maximum de 30 cm)
- TERRE ET CENDRES
- CARTON
- NIVEAU DU SOL

LA BUTTE D'EMILIA HAZELIP

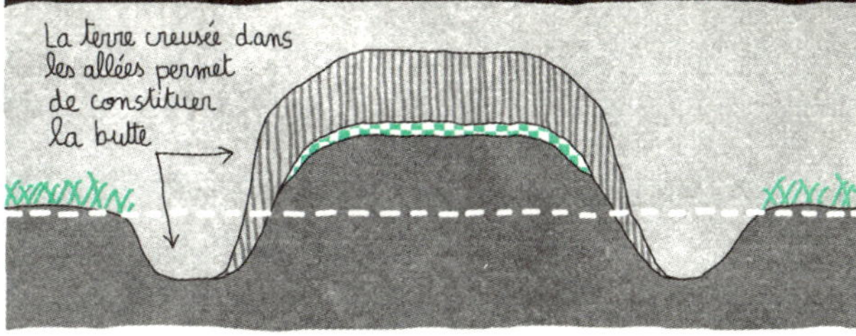

LA BUTTE SANDWICH DE ROBERT MOREZ

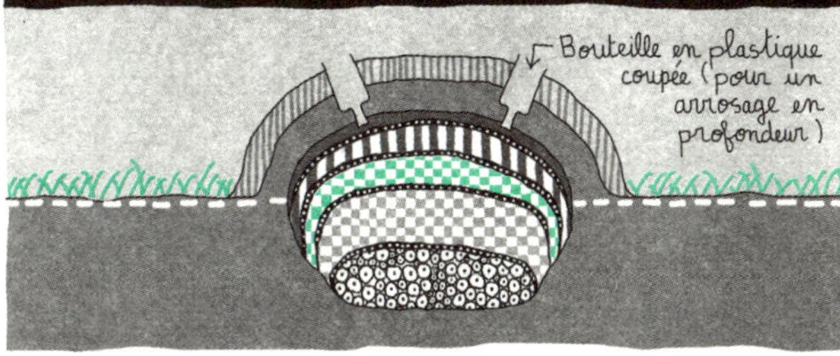

LA BUTTE LASAGNE

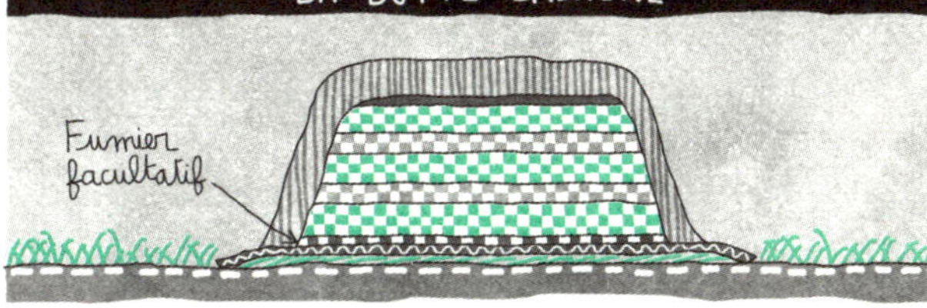

LA BUTTE HUGELKULTUR DE SEPP HOLZER

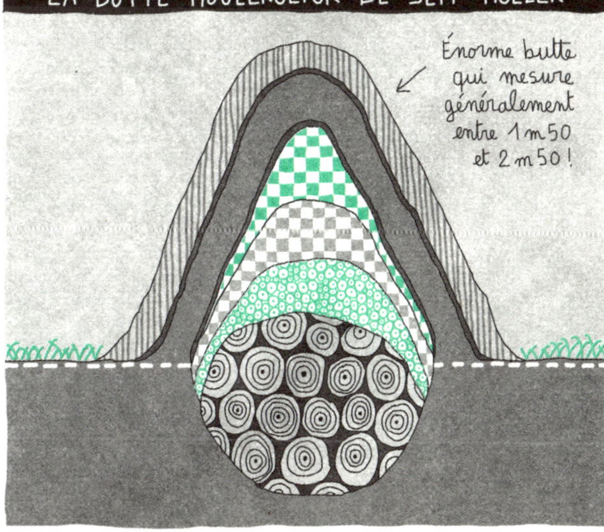

QUATRE SAISONS POUR DÉBUTER

QUATRE ÉTAPES, QUELLE QUE SOIT LA SAISON

① **LE DESIGN** : observer, penser, décider, dessiner.

② **L'ÉQUIPEMENT** : rendre visite aux voisins, écumer les recycleries et vide-grenier, acheter ses semences…

③ **LES AMÉNAGEMENTS** : installer les composts, planches de cultures, allées, buttes, treilles…

④ **LES SEMIS ET LES PLANTATIONS** : Hourra !

SI VOUS DÉMARREZ AU PRINTEMPS

SI VOUS DÉMARREZ EN ÉTÉ

SI VOUS DÉMARREZ À L'AUTOMNE

SI VOUS DÉMARREZ EN HIVER

Une fois vos aménagements réalisés, préparez votre sol pour les semis et plantations. La première règle, fondamentale en permaculture, est de ne jamais laisser la terre à nu (sauf, de manière temporaire, pour le semis direct de petites graines). Car la terre n'est pas un support inerte. Les innombrables habitants qui y vivent (vers, insectes, bactéries et champignons) décomposent les matières organiques et aèrent le sol jusqu'à 30 cm de profondeur. La couverture végétale – constituée de déchets de tonte, écorces, paille, etc. –, que l'on appelle "mulch", permet de protéger cette vie et, par là même, la fertilité de votre terre. Elle fait obstacle aux excès de pluie, de vent, de froid ou de chaleur, améliore la structure du sol et participe à l'enrichir (en revanche, elle favorise les limaces et les mulots… on ne peut pas tout avoir !).
Ne vous ruez pas pour autant en jardinerie sur les sacs de paillettes de lin, cosses de cacao ou autres couvertures végétales proposées à la vente. Compte tenu de leur prix et de leur provenance lointaine, commencez par chercher ce que vous pourriez récupérer dans votre propre jardin : résidus de tonte et de désherbage, feuilles mortes, broyats de branches, etc. Et dans votre environnement proche : paille, aiguilles de pin, fougères, etc. Évitez les films plastique et géotextile issus de sous-produits pétroliers. Choisissez vos matières, diversifiez-les si possible, et installez-les sur 3 cm au minimum (jusqu'à 20 cm pour la paille).

La deuxième règle, qui révolutionne l'approche classique du jardinage, est l'abandon du retournement du sol pour simplement l'aérer. Finis bêche et labour, place à la grelinette* ! On le sait aujourd'hui, retourner le sol perturbe la vie des organismes vivant à des niveaux de profondeur différents. Ameublir sans retourner aère le sol et le rend plus facile à cultiver, sans pour autant le déstructurer. C'est aussi plus rapide et moins pénible.
Si vous partez d'une terre lourde et compacte, d'une friche ou d'une prairie, l'idéal est de mettre en place vos planches en créant des "buttes lasagnes". Si vous les installez à l'automne, les espaces

ainsi créés seront prêts à être cultivés dès le printemps suivant. L'effort que vous aurez fourni pour leur mise en place portera donc rapidement ses fruits. Ceux qui partent d'une meilleure terre et qui ne souhaitent pas se lancer dans l'aventure de la butte pourront démarrer directement avec la grelinette.
L'objectif poursuivi en permaculture est de travailler le moins possible le sol. Au bout de quelques années (plus ou moins selon la terre de laquelle vous partez), le renouvellement régulier de matières organiques, le paillage et les réseaux racinaires des plantes l'auront rendu suffisamment souple et aéré. De plus, si vous le nourrissez correctement, les "jardiniers de l'ombre*", comme les appelle Blaise Leclerc, s'en chargeront pour vous !

Enfin, refusez les engrais chimiques. Ils sont toxiques pour la vie du sol et dopent artificiellement les plantes, les privant de leur capacité à survivre par elles-mêmes. Si les rendements peuvent être intéressants la première année, cela se complique par la suite : le manque de fertilisation naturelle des sols rend les plantes plus sensibles aux maladies. Préférez-leur de loin l'apport régulier de compost*, qui agit aussi bien sur la nourriture nécessaire aux plantes que sur la structure même du sol, dont il augmente la capacité à retenir l'eau (jusqu'à cinq fois son poids).

FAIRE SON COMPOST

Le compostage vise à redonner à la terre les nutriments que nous y avons prélevés. Réalisé "à chaud", il permet d'éliminer graines et "mauvaises herbes", limite la transmission des maladies et – à condition qu'il soit bien fait – produit un humus d'une grande qualité. Cela nécessite toutefois du travail et une bonne maîtrise du processus.

En permaculture, alors que certains jardiniers ne jurent que par lui, d'autres ne pratiquent pas le compostage "à chaud", qui dégage des gaz à effet de serre et demande beaucoup de travail. Ils préfèrent épandre directement les déchets verts sur les planches de culture pour un compostage "à froid", comme cela se passe naturellement dans les forêts.
À vous de faire votre choix.

RÈGLES DE BASE POUR RÉUSSIR SON COMPOST "À CHAUD"

UNE COMPOSITION PRÉCISE

50% de matières AZOTÉES (chargées en eau) →

50% de matières CARBONÉES (sèches) →

UNE FABRICATION SIMPLE

UN TAUX D'HUMIDITÉ CONTRÔLÉ

(de l'ordre de 60 à 70%) Vous n'avez pas de testeur ? Pas de problème ! Serrez une poignée dans vos mains :

DES RETOURNEMENTS RÉGULIERS

Le compost a besoin d'oxygène pour que les bactéries utiles se développent. Une fois le tas complet constitué, retournez-le tous les 2 à 3 mois en hiver, et tous les mois en été.

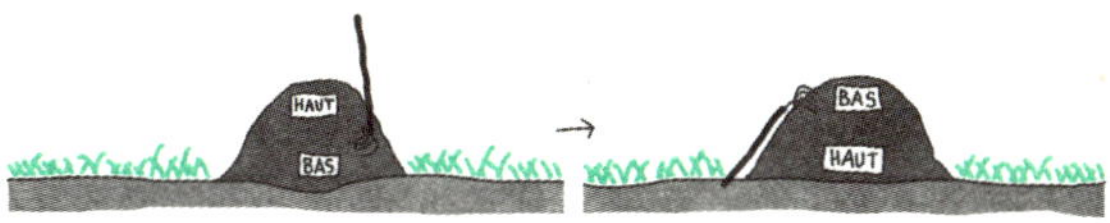

Entre-temps surveillez-le… S'il sent mauvais, c'est qu'il a besoin d'être aéré !

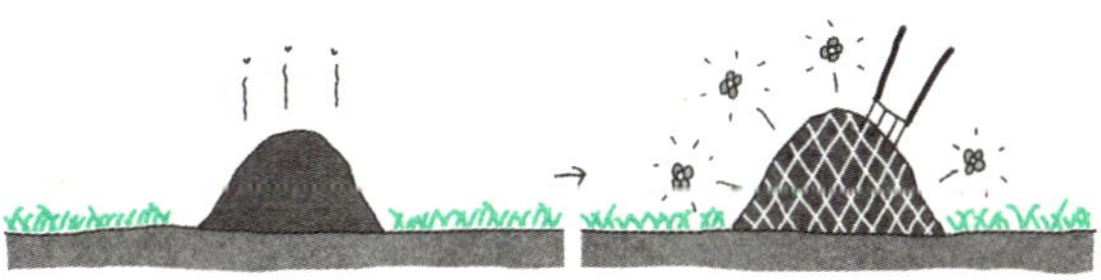

QUAND VOTRE COMPOST EST BIEN MÛR

Il devient marron (presque noir), sent l'odeur de sous-bois, a décomposé la plupart des matières, les vers le boudent et quittent le tas.

Il est prêt à être utilisé !

Vous pouvez maintenant choisir les plantes que vous souhaitez cultiver, en cherchant toujours à favoriser la diversité des espèces. Dans la nature, pas de monoculture ! Faites honneur à la richesse multimillénaire de la biodiversité cultivée, que nous avons considérablement appauvrie ces cinquante dernières années.

Nous consommons aujourd'hui à peine plus de 1 % des 10 000 plantes que l'homme a cultivées dans son histoire[10].

En jardinage biologique classique, on effectue une "rotation des cultures". Son principe est de ne pas cultiver deux fois une même plante au même endroit. En effet, chaque type de légumes (feuilles, racines, fruits) a des besoins différents qu'il puise dans le sol. Si l'on cultive une seule plante dans un espace donné (monoculture), ce sont toujours les mêmes nutriments qui sont prélevés. Sans roulement, c'est l'épuisement garanti ! Grâce à ces rotations, et si le sol est régulièrement nourri d'apports en matières organiques, son équilibre demeure.
Plutôt que de procéder à une rotation de plantes, la permaculture propose une association d'espèces dont les besoins, la profondeur des racines et le cycle de vie sont différents. Cultivés en même temps et côte à côte, les végétaux se complètent et se protègent mutuellement. Par exemple, les légumineuses (haricots, pois, fèves, trèfle, etc.) restituent de l'azote dans le sol, qui profite à leurs voisines. Selon ce principe, il ne faut pas laisser d'espace complètement vide. Dès qu'une culture est finie et qu'une place se libère, ressemez ou replantez tout de suite d'autres végétaux. Si le nombre d'associations bénéfiques des plantes potagères* est important, nul besoin pour autant de les apprendre par cœur. Même si certaines s'accordent moins bien, vous gagnerez toujours à diversifier le plus possible vos cultures sur une même planche.

Dès lors, par quoi commencer ? Par des légumes faciles, savoureux, qui vous donneront des résultats gratifiants et vous encourageront pour la suite : radis, petits pois et mange-tout, haricots grimpants,

10. FAO, *Érosion de la diversité phytogénétique*, 2004.

12 plantes seulement assurent aujourd'hui 80 % de nos apports énergétiques[11].

salades, etc. Sachez toutefois que nos plantes préférées, comme la tomate, nécessitent souvent beaucoup d'attention (chaleur, arrosage, etc.). Plutôt que de soigner à outrance des légumes fragiles,la permaculture préfère s'intéresser aux plantes sauvages (pourpier, chénopode, chicorée, etc.), aux fleurs comestibles (capucine, bourrache, souci, etc.) et aux légumes vivaces (artichaut, asperge, poireau perpétuel, cerfeuil tubéreux, oca du Pérou, topinambour, rhubarbe, etc.). Ces végétaux gagnent à être réexplorés : ils pourraient diversifier les apports énergétiques de votre alimentation. Mais c'est bien sûr une question d'arbitrage, en fonction des goûts et des envies de chacun.

LES "MAUVAISES HERBES"

La permaculture nous propose de changer notre regard sur le monde. Plutôt que de "mauvaises herbes", elle parle d'"indésirables". En soi, aucun végétal n'est mauvais, c'est juste que le jardinier aime choisir ce qu'il cultive et ne les veut pas nécessairement à cet endroit-là. Mais pas de précipitation à les arracher. Saviez-vous que beaucoup d'entre elles sont de délicieuses comestibles* ? Orties, pourpiers, oxalis, pariétaires, mauves, chénopodes...

Pour densifier et optimiser vos récoltes, vous allez apprendre à jouer avec le temps et l'espace. Choisissez pour cela des plantes qui occupent des espaces différents : les fraises ou les pommes de terre se plairont, par exemple, sous les haricots grimpants. Et qui arrivent à maturité à différentes époques : salades parmi les poireaux ou radis avec les choux. Pensez aussi à échelonner les semis sur plusieurs semaines pour ne pas récolter tout d'un coup. Ce n'est en effet pas facile de venir à bout de douze salades prêtes en même temps sans les gaspiller !

11. *Idem.*

QUELQUES BONNES ASSOCIATIONS SIMPLES ET EFFICACES

LES RADIS — À ASSOCIER AVEC

À semer tous les 15 jours de mars à août pour échelonner les récoltes

À semer ensemble en mélange pas trop dense. Ils s'adorent, se protègent mutuellement et se récoltent en différé.

Les choux poussent lentement et laissent le temps de récolter radis et carottes avant d'occuper toute la place.

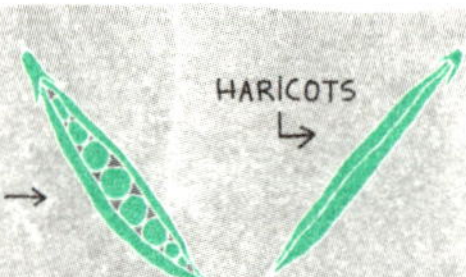

Les légumineuses nourrissent la terre et occupent un espace différent !

LES PETITS POIS ET MANGETOUT — À ASSOCIER AVEC

Ils aiment les légumes racines

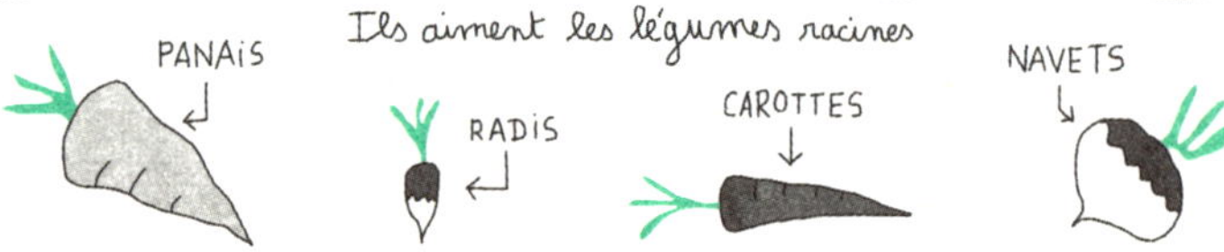

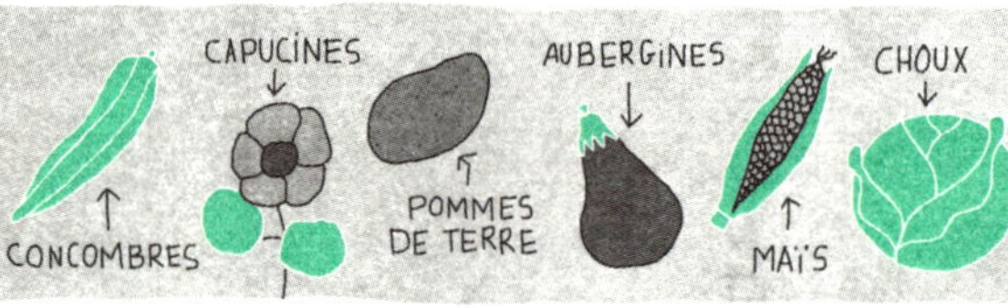

Ils ne sont pas jaloux !

Vive la Provence !

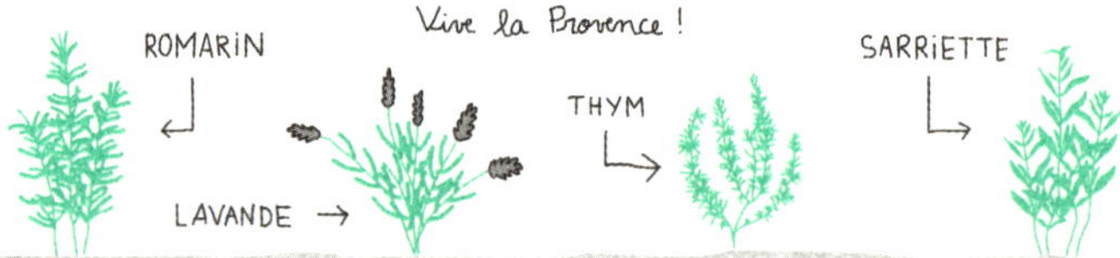

Y a que les bulbes qui leur piquent le nez !

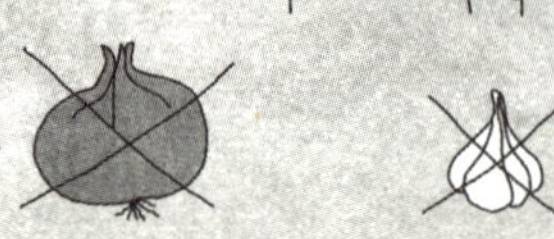

LES HARICOTS GRIMPANTS
À ASSOCIER AVEC
CONCOMBRES
Tous les étages sont occupés
TOURNESOLS
AUBERGINES
FRAISES
MAÏS
CHOUX
POMMES DE TERRE
LAVANDE
AGASTACHE
Elles attirent les pollinisateurs et sont délicieuses
MENTHE
Semés en pleine terre dès le mois de mars pour les variétés les moins frileuses
Ils n'aiment pas du tout :
AIL
OIGNONS
ÉCHALOTES
FENOUIL
LES SALADES
À ASSOCIER AVEC
POIREAUX
COURGES
Ils poussent lentement et laissent le temps de récolter la salade
PANAIS
BETTERAVES
CHOUX
CONCOMBRES
AROMATIQUES ET FLEURS
Elles repoussent une partie des insectes herbivores et attirent les pollinisateurs
Facile et rapide, il existe des variétés adaptées à chaque saison
Ils poussent sur la hauteur (utilisation de l'espace optimisé)
LES TOMATES
À ASSOCIER AVEC
Une fête pour les yeux, qui plaît aux tomates et aux papilles !
CIBOULETTE
PERSIL
SOUCIS
OEILLETS D'INDE
CAPUCINES
COSMOS
OCAS DU PEROU
ASPERGES
BOURRACHES
OIGNONS
CAROTTES
Légume d'été tant attendu, choisissez parmi les variétés les plus goûteuses : green zebra, rose de berne, ananas...
Elles aiment moins :
POMMES DE TERRE
(ses cousines dont elles partagent des maladies)
CHOUX
FENOUIL

5 entreprises
(Monsanto, Dupont, Syngenta, BASF et Bayer)
détiennent la moitié des brevets sur les plantes[12].

N'hésitez pas à semer ou planter de façon serrée, afin de reproduire la densité observée dans la nature. Si la terre est riche, meuble, et que les racines s'y développent en profondeur, les plantes ne se gêneront pas, bien au contraire. Utilisez pour cela la verticalité : sous les feuillages, des microclimats frais et humides peuvent profiter à de nombreuses espèces qui aiment une telle atmosphère : laitues, épinards, oseille, menthe, etc. De plus, en occupant bien tout l'espace, vous limiterez aussi l'invasion des "mauvaises herbes".

Pour vous procurer plants et semences, il y a différentes possibilités. Les jardineries classiques proposent principalement des variétés hybrides non reproductibles, ce qui n'est pas en phase avec la philosophie de la permaculture. Vous pourrez leur préférer les producteurs de variétés paysannes reproductibles : Kokopelli, Biau Germe, Germinance, la Ferme de Sainte-Marthe, etc.*.

LA PROBLÉMATIQUE DES SEMENCES

C'est l'histoire d'une graine. Ou plutôt de plusieurs milliers de graines, dites "semences paysannes" : utilisées, sélectionnées, conservées et échangées par les hommes depuis qu'*Homo sapiens* s'est sédentarisé. Chacune est adaptée à l'environnement où elle est cultivée. À elles toutes, elles constituent un réservoir de biodiversité garant de notre sécurité alimentaire.
Un jour, l'industrie agroalimentaire choisit de les homogénéiser pour augmenter leur productivité : la graine devient adaptée non pas à un terroir, mais à un mode de culture intensif, avec engrais et pesticides chimiques de synthèse. Elle n'est plus capable de se reproduire. Dès lors, le paysan doit la racheter chaque année : il devient dépendant des grands semenciers.
Puis il a été décidé que seules les semences industrielles inscrites dans un catalogue officiel pourraient être échangées et vendues. La diversité des graines s'appauvrit. Le paysan est sans recours et les populations perdent le droit de se nourrir par elles-mêmes.
Aujourd'hui, de nombreux mouvements et personnes à travers le monde luttent contre ce brevetage du vivant : Vandana Shiva*, Kokopelli*, Réseau Semences paysannes*, etc.

12. Déclaration de Berne, *Concentration du marché des semences*, juin 2012. En septembre 2016, Bayer a racheté Monsanto.

Certaines plantes "frileuses" peuvent être semées en godet : tomates, aubergines, poivrons, courgettes, etc. Sous serre ou sous châssis, si vous en avez. Ou tout simplement derrière une fenêtre plein sud de votre habitation. Attendez que les dernières gelées printanières soient passées pour les planter délicatement : en quinconce, pour gagner de la place, et en écartant légèrement le paillis. Si, pour vos débuts, vous craignez de manquer de temps, ou que semer vous semble encore trop compliqué, choisissez de vous fournir en plants. Mais certains parmi vous auront rapidement envie de s'y mettre : semer, c'est facile et très gratifiant.
Les graines les plus grosses peuvent être semées directement sous le paillis : pois, haricots, fèves, courges, tournesols, maïs, etc. Elles parviendront sans difficulté à s'y frayer un passage. Pour les plus fragiles (radis, carottes, persil, mâche, etc.), le mulch devra être réduit à 2 cm d'épaisseur maximum ou enlevé complètement. Vous redéposerez le couvert végétal lorsque les pousses seront suffisamment grandes et solides.

Pour semer en pleine terre, vous pouvez tracer des sillons de 2 à 3 cm de profondeur maximum. Ou procéder à la volée, dans un geste circulaire de gauche à droite (ou l'inverse). Une astuce pour ne pas semer trop serré, et ne pas avoir ensuite à passer des heures à éclaircir vos premiers semis de carottes trop denses : mélangez les toutes petites graines avec du sable ou du marc de café.
Pour vous rapprocher encore un peu plus du modèle de Dame Nature, vous pouvez préparer des mélanges de semences de légumes, de fleurs et d'aromatiques en fonction de vos aspirations du moment. Encore une fois, pour se lancer, nul besoin d'apprendre par cœur les bonnes associations de cultures car elles sont nombreuses. Place à la spontanéité !
Pour éviter une trop grande concurrence des "indésirables", vous pouvez épandre une couche de compost stérilisé issu du compostage à chaud avant de semer. Vous pouvez aussi faire un "faux semis" : deux à quatre semaines à l'avance, préparez votre terre puis arrosez-la comme si vous l'aviez semée. Vous n'aurez plus qu'à enlever ce qui a poussé durant ce laps de temps, puis à y déposer vos propres graines : le tour est joué !

TENIR BON

Vos principaux aménagements sont réalisés et vos premières plantations installées ? Bravo, on peut dire que votre potager est bel est bien lancé. À ce stade, vous allez peut-être rencontrer vos premières difficultés. Voyons comment les dépasser. Car en matière de potager, rien n'est insurmontable et puis... bientôt la récolte !

Le temps passé dans votre potager n'est jamais perdu : quelques désherbages par-ci par-là, arrosage, renforcement du paillis, tuteurage des haricots à rames ou des tomates, taille des aubergines, récolte du basilic… Si vous le pouvez, rendez-vous un peu chaque jour dans votre potager. Pour ma part (mais c'est très personnel), j'y vais au saut du lit, avant même le petit-déjeuner. J'aime me réveiller en douceur à la fraîcheur matinale, au contact de la verdure, quand la maisonnée dort encore…

Prenez le temps d'observer chacune de vos plantes. Sont-elles épanouies ou semblent-elles manquer de quelque chose ? Comment réagissent-elles à la chaleur ? À la pluie ? Les abeilles sont-elles attirées par leurs premières fleurs ?
C'est également le moment de vérifier que rien ne vient les perturber. Si vous voyez des premiers signes de maladie, ou encore une attaque d'insectes, il faut agir vite. Ou pas ?
La permaculture ne s'intéresse pas vraiment à la lutte biologique contre les maladies et les nuisibles. Elle met plutôt l'accent sur la richesse de la biodiversité, garante de l'équilibre des différents écosystèmes.
Bill Mollison aime penser que le problème est la solution ; autrement dit, la solution réside dans le problème lui-même. Vous avez trop de limaces ? C'est qu'il manque un canard ! Un souci de pucerons ? Mais où sont les coccinelles ?
Bien sûr, l'équilibre de votre potager ne s'obtient pas en un jour et il faudra peut-être plusieurs saisons pour l'atteindre : accepter, observer et comprendre ses cycles est l'un des multiples bienfaits de la permaculture.

D'ici là, si vous vous sentez dépassé(e) par un problème, des soins écologiques peuvent être apportés. Pour cela, utilisez des plantes résistantes comme l'ortie, la consoude, la prêle, la fougère et la bardane. Tour à tour, elles sont stimulatrices de croissance, répulsives, fongicides ou insecticides. Elles peuvent être préparées sous forme de purins (extraits fermentés), d'infusions, de décoctions ou de macérations. Alors, plantez-en dans votre potager. Et commencez peut-être à feuilleter quelques ouvrages* qui en révèlent les pouvoirs cachés. Ne cherchez pas à tout maîtriser : c'est peine perdue. À moins que jouer à l'apprenti sorcier ne soit une passion ? Commencez doucement avec, par exemple, l'ortie, qui couvre, à elle seule, un large spectre d'actions utiles et bénéfiques.

Une autre méthode que j'aime pratiquer est le lâcher-prise : ne pas intervenir sur certaines cultures "attaquées". Accepter de les "sacrifier" nous permet de jouer les Sherlock Holmes du potager, observant sans relâche toute cette vie en mouvement. D'où viennent ces gendarmes ? Où dorment les limaces ? Comment puis-je les attraper ? Comment évolue telle colonie ou telle maladie ? Parfois, le problème n'est pas si grave. J'ai notamment pu remarquer que les taches blanches sur mes feuilles de courgettes (l'oïdium) ne gênent en rien la production des fruits. Ou encore que les pucerons qui s'attaquent à un pied de blette y restent concentrés, la population semblant se réguler d'elle-même (j'avoue, j'y ai un peu contribué en déplaçant quelques coccinelles rencontrées au gré de mes errances potagères...).

RECETTE DU PURIN D'ORTIE

Faites macérer 1 kg d'orties récoltées avant floraison dans 10 l d'eau de pluie pendant plusieurs jours (une vingtaine s'il fait 5 °C, une quinzaine à 20 °C, 5 à 6 jours seulement par 30 °C). Brassez tous les jours pour éviter la putréfaction. Quand plus aucune petite bulle ne remonte à la surface, le purin est prêt. Il n'y a plus qu'à le filtrer.

LES BIENFAITS DE L'ORTIE POUR LA SANTÉ DU POTAGER (MAIS PAS QUE)

Urticante, mal aimée, l'ortie est souvent considérée comme LA "mauvaise herbe" par excellence.
C'est pourtant une des meilleures plantes sauvages comestibles dont on ne se lasse pas. Elle héberge une quarantaine d'insectes utiles et ses multiples propriétés en font une alliée de choix dans nos potagers.

UN ENGRAIS NATUREL

Fraîche et hachée déposée au fond des trous de plantation

Ou en purin (dilué à 5%) versé au pied des plantes (1l/m² maximum)

UN RÉPULSIF NATUREL

Pour éloigner pucerons, acariens, champignons, autres insectes et parasites, pulvérisez toutes les 2 à 3 semaines du purin d'ortie (dilué à 10%) sur les feuilles des plantes (pas sur les fleurs !).

UN TRÉSOR POUR LA SANTÉ

Apaise les douleurs articulaires

Combat les virus

Astringente et cicatrisante (en application externe)

Élimine les toxines

Anti-allergique

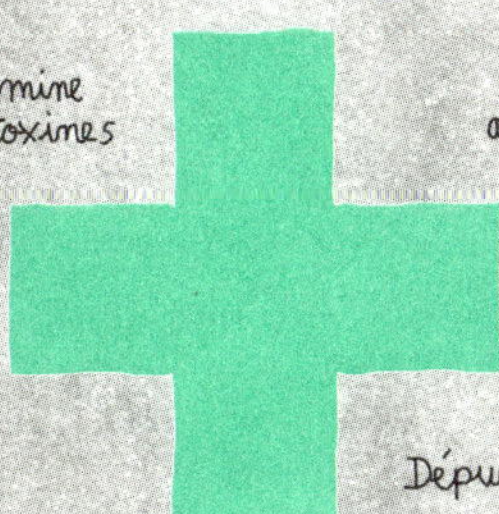

Efficace contre la fatigue chronique

Dépurative

Favorise l'attention, la mémoire, la concentration

Anti-inflammatoire

ETC.

UN ACTIVATEUR DE COMPOST

Pour un compostage de surface

Ou dans le tas de compost

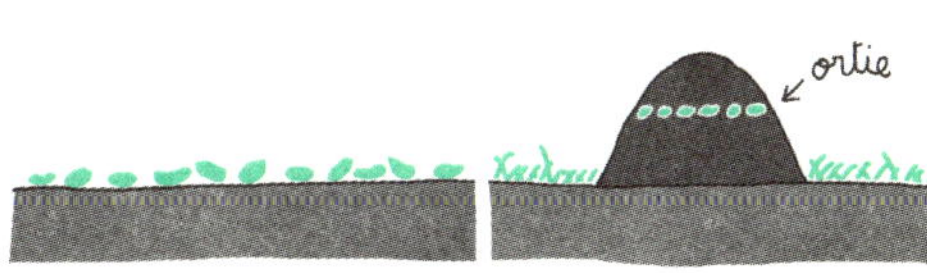

ET SURTOUT C'EST DÉLICIEUX

En tisane

Ou en soupe

Cette approche du lâcher-prise, qui peut sembler risquée à première vue, est hautement instructive. Et rassurez-vous : les problèmes, certes, existent, mais ils ne sont pas si nombreux ni insurmontables. En privilégiant un sol en bonne santé grâce à toutes les techniques que nous avons parcourues, vos plantes seront moins sensibles aux maladies. C'est là, face aux difficultés, que l'on commence à comprendre la différence avec un potager classique.

Plus des deux tiers des jardiniers ne rencontrent aucun problème pour obtenir de bons résultats[13].

Petit à petit, quelques semaines à quelques mois après vos semis, vous allez commencer les récoltes. Bonheur et satisfaction sont au rendez-vous : votre travail a porté ses fruits ! Peut-être ne résisterez-vous pas à la tentation de vous prendre en photo avec vos premiers radis ? D'immortaliser votre panier rempli de vos propres légumes ? C'est un moment joyeux et très gratifiant, alors pourquoi ne pas le savourer jusqu'au bout ? Vous pouvez par exemple rappeler tous ceux qui vous ont conseillé(e), aidé(e), accompagné(e) pour un repas 100 % maison ou organiser une petite fête.

Si, à l'inverse, vos premières cueillettes ne sont pas à la hauteur de vos espérances, ne vous découragez pas pour autant. Ce n'est que partie remise. Saviez-vous que la patience est la plus grande vertu du jardinier ? Cette première récolte est peut-être en deçà de ce que vous imaginiez, mais elle a le mérite d'exister et la prochaine sera sûrement meilleure ! Ce temps passé en plein air, à jardiner au contact de la nature, ou encore à observer minutieusement l'évolution du vivant, n'est jamais perdu. Votre savoir-faire se bonifiera avec le temps. Pensez qu'il n'y a pas si longtemps encore, votre jardin n'existait même pas... Alors, pourquoi ne pas fêter votre première réussite : celle d'avoir débuté votre potager ?

13. Enquête UPJ/CSA, *Les Français et leur potager/verger : entre alimentation et passion*, 2007.

L'EAU AU POTAGER*

- Évitez les pertes : paillis (protection), compost (rétention), treillis de plantes grimpantes (ombrage), cuvette autour de chaque pied (absorption)...
- Arrosez à la demande (dès que vous sentez que la plante a soif, mais sans trop attendre), de préférence manuellement à l'aide d'un arrosoir ou de tuyaux (rien ne vous interdit cependant d'installer un goutte-à-goutte).
- Privilégiez les arrosages espacés mais généreux.
- Évitez de mouiller les feuillages, ce qui favorise les maladies.
- Arrosez le matin aux intersaisons, lorsque les nuits sont fraîches. Et le soir en été : cela laisse le temps aux plantes d'absorber l'eau avant qu'elle ne s'évapore.
- Si vous le pouvez, récupérez et stockez l'eau de pluie* (cuves, mare) et de la maison (phytoépuration).
- Et, pourquoi pas, envisagez des travaux de modification de la topographie (terrasses, canaux, trop-plein des mares, etc.).

Peut-être vous posez-vous certaines questions face à vos plantes qui mûrissent. Vous allez très vite apprendre à savoir quand récolter, grâce à l'observation. En attendant, ces quelques indices vous aideront à vous repérer.

> "Le plaisir est aussi une récolte[14]."
>
> Bill Mollison

Beaucoup de légumes sont meilleurs quand ils sont cueillis jeunes : radis, petits pois, salades, courgettes, aubergines, etc. En allant régulièrement leur rendre visite, vous pourrez prélever chaque fois de quoi garnir vos plats. La plupart des aromatiques, elles, se récoltent juste avant la floraison. Ne tardez pas, elles montent vite en graine. Seuls les légumes dits "de conserve", comme les pommes de terre et les courges, se ramassent en une fois : à maturité.

Il n'existe évidemment pas de règle absolue : chaque espèce ou variété a ses spécificités. Mais le meilleur moment pour récolter est, en général, tôt le matin, un jour de beau temps, une fois la rosée évaporée et avant que le soleil ne réchauffe trop l'atmosphère.

14. Bill Mollison, *Introduction à la permaculture*, Passerelle éco, 2012.

L'HÔTEL À INSECTES

SOURCE : FORTEMENT INSPIRÉ DE *CONSTRUIRE UN HÔTEL À INSECTES* D'HELGA SACHSE ET ANTOINE BOSSE-PLATIÈRE
WWW.TERREVIVANTE.ORG

ATTIREZ ET ABRITEZ DE PRÉCIEUX COMPAGNONS

Votre hôtel offrira un petit nid douillet à ces merveilleux complices de votre potager. Au programme, régulation des populations de ravageurs et pollinisation !

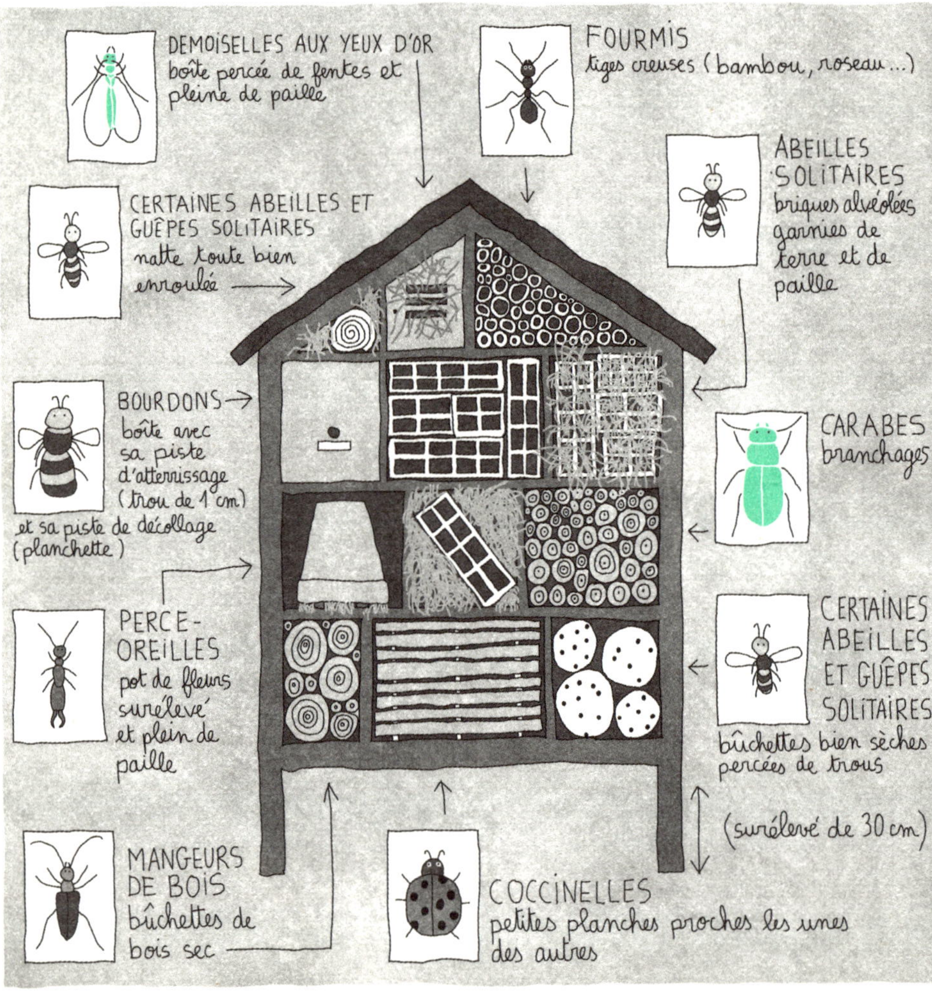

Pour prolonger tout au long de l'année le plaisir des fruits, légumes, condiments et aromatiques issus de votre potager, une bonne solution est la conservation*. Cela vous aidera aussi à régler la question d'éventuels surplus de production. Il suffit pour cela d'envisager un espace de stockage suffisant : un congélateur et/ou un lieu sec, frais et à l'abri de la lumière.
Les techniques sont nombreuses : le séchage, la congélation, la stérilisation en bocaux, la lacto-fermentation, le stockage direct en cave. Si elles sont toutes intéressantes, certaines sont cependant plus écologiques ou moins chronophages. Et chaque espèce va se prêter plus ou moins bien aux différentes méthodes, qu'il convient donc d'utiliser au cas par cas.
Vous pouvez aussi cuisiner vos récoltes, les transformer et les conserver après. Vous aurez d'autant plus de plaisir à redécouvrir vos petits plats quelques mois plus tard, lors des longues soirées d'hiver.

ET APRÈS

Le solstice d'été est maintenant passé. La Terre continue sa course autour du Soleil, installant peu à peu nos latitudes sous une nouvelle période hivernale propice au repli et au cocooning. Tout comme vous, votre potager continue de vivre, même au ralenti. Protégez-le, cultivez ce qui se plaît en cette nouvelle saison et... préparez la suite !

Même quand les jours raccourcissent, que le froid et les pluies arrivent, le potager en permaculture n'est jamais vide et nu. Les arbres, arbustes et vivaces entrent en dormance jusqu'au printemps prochain. Les récoltes de certaines plantes (tomates, courgettes, persil, oseille, etc.) se poursuivront à l'automne s'il est clément. Les courges sont bientôt prêtes à être prélevées et conservées.
Plutôt que d'arracher les cultures dont le cycle est terminé, coupez-les à ras du sol et laissez-y les racines : les vers de terre et micro-organismes se feront un plaisir de s'en occuper. Vous pouvez aussi laisser quelques plantes monter en graine pour qu'elles se ressèment spontanément : salades, poireaux, blettes, capucines, bourraches, coriandre, etc. Une fois une culture terminée, installez aussitôt de nouveaux semis ou plantations si la saison vous le permet.

En permaculture, le nombre de rotations sur un même espace peut atteindre 8 ou 9 cultures dans l'année.

En procédant ainsi, vous devriez pouvoir bénéficier d'une deuxième, troisième, quatrième récolte dans une même année. Et même plus, lorsque la région et le climat sont favorables.

Avant la fin de l'été, installez les plantes les plus rustiques, qui vous offriront des cueillettes hivernales : mâche, poireaux, épinards, certains choux, carottes, radis noirs, navets, betteraves, etc. Avant les premières gelées, épandez du compost, renforcez vos paillis. Et, si vous êtes maintenant convaincu(e), plantez vos nouveaux arbres, arbustes et plantes vivaces.

Vous pouvez également semer des "engrais verts" d'automne, aux nombreux bienfaits : moutarde, seigle, vesce, phacélie, etc. Leurs racines sont drainantes, cassent les mottes et constituent des réserves d'azote, de phosphore et de potassium qui serviront aux cultures suivantes. Recouvrant entièrement le sol, ils font également obstacle aux plantes invasives. Quand vous les faucherez, laissez-les à même le sol, en guise de paillis. Les racines resteront en terre, qu'elles continueront de nourrir.
Petit conseil : si vous utilisez des céréales en guise d'engrais vert, recouvrez-les d'une bonne couche de mulch une fois fauchées, afin qu'elles ne repartent pas tout de suite.

La période hivernale est également propice à la réflexion et à la planification : c'est l'heure du bilan.
Vous avez du recul sur votre première saison. Avez-vous vu trop grand ? Ou, à l'inverse, souhaitez-vous étendre la surface de votre potager ? Regardez ce qui a marché ou échoué (espèces, variétés, périodes de semis et de repiquage, couverture du sol, arrosage, etc.). Ce qui a été agréable pour vous, ce que vous avez moins aimé, ce qui vous a déçu(e) ou au contraire enthousiasmé(e) : autant d'indications qui vous accompagneront dans la suite de votre aventure. Mettez en lien vos objectifs initiaux et les résultats auxquels vous êtes arrivé(e). Prenez en compte les éléments extérieurs indépendants de votre volonté avant d'opérer vos nouveaux choix : une sécheresse précoce, par exemple, peut vous faire rater votre saison des haricots. Cela ne veut pas dire pour autant qu'il faille changer la période du semis : les années se suivent mais ne se ressemblent pas.

Pour durer, il est important de prendre du plaisir. C'est donc sur cette base que je vous propose de définir ce que vous souhaitez remettre en culture ou abandonner. Prévoyez de redémarrer avec ce que vous avez le mieux réussi et qui vous a donné le plus de satisfaction, avant d'ajouter, petit à petit, de nouvelles choses. Redéfinissez vos objectifs et n'hésitez pas à innover en utilisant de nouvelles techniques, variétés, formes... Le jardin est un processus en construction, qui offre le grand avantage de se bonifier avec le temps. Je vous souhaite de parvenir à ce que votre terre devienne tellement riche et soignée que vous n'aurez presque plus à intervenir.

L'EXEMPLE DU MAS DES FAÏSSES*

Après avoir accueilli de la vigne et des châtaigniers, les terres du Mas des Faïsses, en Ardèche méridionale, sont restées abandonnées pendant de longues années. En quinze ans, Yvette leur a redonné leur vitalité, puisant son inspiration dans la connaissance des différents modes de culture naturelle qui ont jalonné les siècles. Elle est parvenue à un équilibre étonnant qui lui permet aujourd'hui de cultiver sans jamais travailler la terre et presque sans eau... Là où les voisins arrosent tous les jours l'été !

En attendant, vous pouvez vous féliciter d'avoir parcouru une première saison au potager. Vous avez acquis de nombreuses connaissances, que vous allez maintenant vous attacher à peaufiner, approfondir, développer... Vous pouvez notamment choisir d'effectuer une formation dans un des nombreux lieux en France qui proposent des stages en permaculture, allant de quelques jours à quelques mois*. Probablement allez-vous trouver votre propre manière de fonctionner au milieu de cette jungle de conseils, techniques et autres modes d'emploi, rendant votre propre expérience unique. Peut-être même, un jour, aurez-vous le bonheur de voir arriver dans votre potager un voisin, un ami, un grand-père venus glaner quelques conseils ? Qui sait... C'est bien possible, puisque ça m'est arrivé !

Au-delà des connaissances qui vous ont été utiles pour débuter votre potager, de nombreux autres développements sont possibles. Si vous le souhaitez, vous pourrez vous intéresser à la multiplication des végétaux, à la production de semences, à la culture sous abri. Peut-être vous passionnerez-vous pour certaines variétés anciennes ou perpétuelles ?

ANIMAUX ET INSECTES DU POTAGER

LES ANIMAUX DOMESTIQUES DONT IL FAUT CONTRÔLER LE PASSAGE

LES POULES

Apportent œufs, plumes, un fumier de grande qualité, recyclent les déchets organiques et se régalent de limaces, chenilles, criquets…

↓

LES COCHONS

Prodiguent du rire, un fumier très riche et constituent un motoculteur doux et efficace (à utiliser à bon escient).

↓

LES CANARDS COUREURS INDIENS

Grands dévoreurs de limaces ! À la différence des poules, il ne passe pas son temps à gratter la terre et fait donc moins de dégâts !

↓

LES ANIMAUX SAUVAGES DONT IL FAUT PRENDRE SOIN

LES LÉZARDS

Se nourrissent de chenilles, criquets, sauterelles et ne dédaigneront pas les petits escargots qui croiseront leur route

↓

UN COUPLE DE MÉSANGES

C'est 75 kg d'insectes mangés par an !

↓

LES GRENOUILLES

Adorent les limaces et les larves diverses

↓

LES HÉRISSONS

Se délectent eux aussi de limaces et autres insectes ravageurs

↓

LES TOUT PETITS ANIMAUX

LES ABEILLES

Apportent un gain de production considérable grâce à la pollinisation, du miel, de la cire naturelle, de la propolis…

↓

LES VERS DE TERRE

Aèrent, stabilisent et donnent une structure agréable au sol qu'ils enrichissent en matière organique

↓

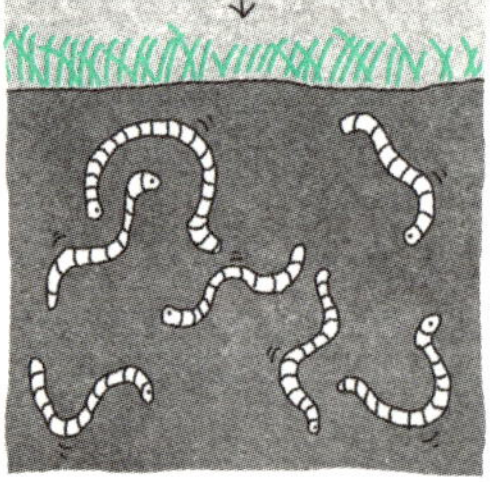

LES COCCINELLES

Croquent allègrement vos colonies de pucerons

↓

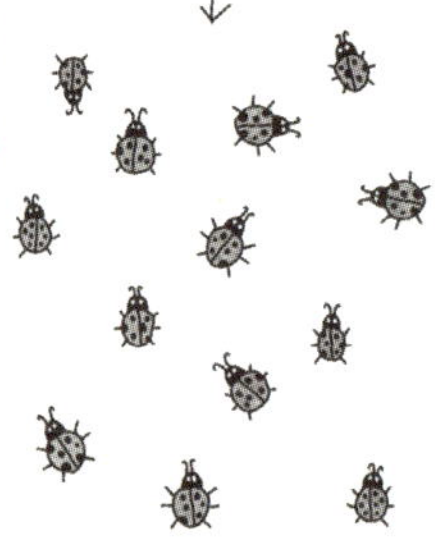

LES LIMACES

Ne sont pas que nuisibles ! Suffisamment nourries et sans excès, elles propagent toutes sortes de champignons utiles et assainissent le milieu… Si si

↓

Jardinerez-vous avec la Lune ? Deviendrez-vous expert dans la conduite d'un verger ou dans l'art du recyclage et des petits bricolages ? Si vous avez la chance de vivre sur votre terre, la permaculture sera d'autant plus pertinente pour penser votre aménagement, bien au-delà du seul potager. Vous pourrez, par exemple, accueillir des animaux, démarrer ou parfaire le stockage d'eau de pluie*, créer une mare, mettre en place un jardin-forêt*...

ACCUEILLIR LES ANIMAUX

Si vous avez de la place, réfléchissez à accueillir poules, canards, abeilles. Et, pourquoi pas, des cochons ou des moutons ? Au-delà du plaisir de leur compagnie, ils participeront à transformer votre potager en un écosystème équilibré, rempli de relations et d'interactions bénéfiques. Si votre espace est plus petit, vous pouvez néanmoins accueillir la faune sauvage. Quelques exemples, du plus complexe au plus simple : une mare à grenouilles, un hôtel à insectes, des nichoirs à oiseaux, un tas de bois pour les hérissons, etc. Ils vous rendront eux aussi bien des services !

> "Au premier coup d'œil, cette paille de riz paraît légère et insignifiante. On aura du mal à croire qu'elle puisse allumer une révolution. Mais [...] pour moi, cette révolution est bien réelle[15]."
>
> Masanobu Fukuoka

Vous le savez. Vous l'avez senti et expérimenté : la permaculture ouvre un vaste champ de possibles, presque infini. Son éthique et ses principes guident nos pas de jardiniers, mais ne nous imposent rien. Ils sont cependant puissants. À vous d'y frayer votre chemin d'explorateur(-trice), à votre rythme, en suivant vos envies. Les grandes transformations se font un pas après l'autre... Bonne route !

15. Masanobu Fukuoka, *La Révolution d'un seul brin de paille : une introduction à l'agriculture sauvage*, Guy Trédaniel, Paris, 2005.

UN POTAGER EN PERMA-CULTURE

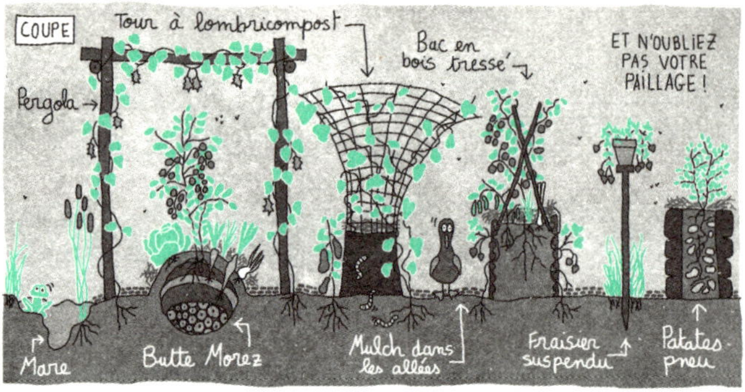

LÉGENDE

- PLANCHES DE CULTURE / BUTTES (grand mélange de légumes fruits, racines et alliacées)
- ENGRAIS VERTS (fleurs vivaces, céréales, légumineuses, plantes comestibles sauvages, etc.)
- BACS TRESSÉS (fruits et légumes grimpants sur les parois, grand mélange de légumes, fruits, racines et alliacées dans les bacs)
- GRANDS FRUITIERS
- PETITS FRUITS
- FRUITIERS NAINS ET/OU PALISSÉS
- TREILLES / PERGOLAS (fruits et légumes grimpants)
- LÉGUMES PERPÉTUELS
- PLANTES AROMATIQUES ET MÉDICINALES
- PLANTES SAUVAGES COMESTIBLES
- PLANTES AQUATIQUES COMESTIBLES
- GRILLAGE À GRIMPANTES (fruits et légumes grimpants)
- COMPOST
- MARE
- caillou
- POTS SUSPENDUS
- TOUR DE PATATES PNEU
- ALLÉES

NOTES

POUR EN SAVOIR PLUS

LIVRES INSPIRANTS

Lionel Astruc, *Vandana Shiva, pour une désobéissance créatrice*, Actes Sud, "Domaine du possible", Arles, 2014.

Masanobu Fukuoka, *La Révolution d'un seul brin de paille : une introduction à l'agriculture sauvage*, trad. Bernadette Prieur Dutheillet de Lamothe, Guy Trédaniel, Paris, 2005.

Perrine et Charles Hervé-Gruyer, *Permaculture*, Actes Sud, "Domaine du possible", Arles, 2014.

Sepp Holzer, *La Permaculture de Sepp Holzer*, trad. Patricia Bourguignon, Imagine un colibri, Marsac, 2011.

Bill Mollison et David Holmgren, *Perma-culture*, trad. François Couplan, Charles Corlet, Condé-sur-Noireau, vol. 1, 2006, et vol. 2, 2011.

Pierre Rabhi, *Manifeste pour la Terre et l'Humanisme*, Actes Sud, Arles, 2008.

GUIDES

Gilbert Cardon, *Cours de jardinage naturel*, Fraternités ouvrières ASBL, Mouscron, 2000.

Kurt Forster, *La Permaculture dans un petit jardin*, Ulmer, Paris, 2014.

Toby Hemenway, *Le Jardin de Gaïa : quand l'être humain se marie à la nature dans une relation gagnant-gagnant*, Imagine un colibri, Marsac, 2016.

Carine Mayo, *Le Guide de la permaculture au jardin : pour une abondance naturelle*, Terre vivante, Mens, 2014.

Dick et James Strawbridge, *Vivre (comme) à la campagne : du rêve à la réalité*, Larousse pratique, Paris, 2010.

Terre & Humanisme, *Le Manuel des jardins agroécologiques : soigner la terre, mieux nourrir les hommes*, Actes Sud, Terre & Humanisme, Arles, 2012.
Jean-Paul Thorez et Brigitte Lapouge-Déjean, *Le Guide du jardin bio*, Terre vivante, Mens, 2012.

LIVRES SPÉCIALISÉS

Bernard Bertrand et Jean-Paul Collaert, *Purin d'ortie et compagnie*, éditions de Terran, Escalquens, 2012.
Jean-Yves Collet, *Guerre et paix dans le potager*, DVD, 2006.
François Couplan, *Cuisine sauvage : accommoder mille plantes oubliées*, Sang de la Terre, Paris, 2010.
Nathalie David-Bernadat, Sylvie Hampikian et Brigitte Lapouge-Déjean, *Créer son jardin d'aromatiques bio*, Terre vivante, Mens, 2011.
Gérard Ducerf, *L'Encyclopédie des plantes bio-indicatrices alimentaires et médicinales : guide de diagnostic des sols*, Promonature, vol. 1, 2007, vol. 2, 2008, et vol. 3, 2013.
Dominique Guillet, *Semences de Kokopelli*, réédité chaque année par l'association Kokopelli.
Blaise Leclerc, *Les Jardiniers de l'ombre*, Terre vivante, Mens, 2002.
Sandra Lefrançois et Jean-Paul Thorez, *Plantes compagnes au potager bio : le guide des cultures associées*, Terre vivante, Mens, 2010.
Les Conserves naturelles des 4 saisons : les meilleures recettes de 150 jardinières et jardiniers biologiques, Terre vivante, Mens, 2009.
Sylvie Luneau, *Récupérer l'eau de pluie : pour le jardin et la maison*, Ulmer, Paris, 2008.
Denis Pépin, *Compost et paillis*, Terre vivante, Mens, 2013.
Patrick Whitefield, *Créer un jardin-forêt : une forêt comestible de fruits, légumes, aromatiques et champignons au jardin*, trad. Véronique Valentin *et al.*, Imagine un colibri, Marsac, 2012.

CARNET D'ADRESSES

Vous inspirer

La ferme de Sepp Holzer : www.holzerpermaculture.us.
Le Mas des Faïsses : www.masdesfaisses.com.
Les Fermes Miracle : www.miracle.farm.
Les jardins de Josine et Gilbert Cardon : www.fraternitesouvrieres.over-blog.com.

Vous connecter

Brin de paille : http://asso.permaculture.fr.
Réseau des permaculteurs francophones : www.permaculteurs.com.
Réseau international de permaculture : www.permacultureglobal.org.
Université populaire de permaculture : www.permaculturefrance.org.

Vous former

Bernard Alonso : www.permacultureinternationale.org.
Andy et Jessie Darlington : www.lepaysagecomestible.com.
École de la nature et des savoirs : www.ecolenaturesavoirs.com.
Ferme de la Goursaline : www.permaculturedesign.fr.
Ferme du Bec Hellouin : www.fermedubec.com.
Humus sapiens : www.humussapiens34.wordpress.com.
Steve Read : www.steveread.fr.
Regroupement de formateurs : www.permaculture-sans-frontieres.org.
Terre & Humanisme : www.terre-humanisme.org.

Acheter des semences et comprendre les enjeux

Biau Germe : semences biologiques et biodynamiques (www.biaugerme.com).
Ferme de Sainte-Marthe : semences et plants bio (www.fermedesaintemarthe.com).
Germinance : semences biologiques et biodynamiques (www.germinance.com).
Kokopelli : semences potagères et aromatiques bio (www.kokopelli-semences.fr).
Réseau Semences paysannes (www.semencespaysannes.org).
Semeur : échanges de semences, boutures et plants (www.semeur.fr).
Vandana Shiva : www.vandanashiva.com.

Trouver une bonne grelinette

Jean-Luc Bonaventure : www.taillanderie.fr.

MERCI À

Stéphane Jansegers pour son implication, sa relecture attentive et bienveillante, ses idées fourmillantes,
Gilles Bonnaud, Patrice Magnien des Jardins du colibri et Yvette du Mas des Faïsses pour la visite de leurs jardins et le partage d'expériences,
Caroline Point pour son témoignage et la journée passée avec les stagiaires,
Valo Dantinne pour ses conseils bibliographiques,

Françoise Vernet pour sa confiance, sa présence indéfectible,
Marie-Noëlle Himbert pour son soutien, son accompagnement,
Pome Bernos pour sa créativité géniale, son enthousiasme, sa fraîcheur,

ainsi qu'à tous les jardiniers qui démontrent, par leur action quotidienne, que créer de l'abondance dans le respect de la nature est possible.

Je dédie ce livre à Antoine et Axel, mes lumières.

DANS LA MÊME COLLECTION

MÉDITER PUIS AGIR
Youki Vattier, illustrations de Lisa Zordan, 2017

MONTESSORI À LA MAISON – 0-3 ANS
Nathalie Petit, illustrations de Virginie Maillard, 2017

S'ENGAGER DANS UNE AMAP
Françoise Vernet et Marie-Noëlle Himbert, illustrations de Cécilia Pepper, 2017

Ouvrage réalisé par l'atelier graphique Actes Sud.
Achevé d'imprimer en juin 2017 par Printer Portuguesa (Portugal) sur
papier fabriqué à partir de bois provenant de forêts gérées durablement
pour le compte des éditions Actes Sud,
Le Méjan, place Nina-Berberova 13200 Arles

Dépôt légal 1re édition : mars 2017